AF235637

# Berlin

## lieben lernen

Der perfekte Reiseführer für einen unvergesslichen Aufenthalt in Berlin inkl. Insider-Tipps,
Tipps zum Geldsparen und Packliste

## Erika Himstedt

# ✈ INHALT

# Das erwartet Sie in diesem Buch

Direkt, laut, bunt, hart, aber auch verdammt herzlich – dit is Berlin. Was es noch so ist, warum Sie der Hauptstadt unbedingt einen Besuch abstatten sollten und was Sie vorher und währenddessen auf jeden Fall wissen müssen, verrate ich Ihnen auf den folgenden Seiten. Die Stadt, die niemals schläft soll zwar angeblich New York sein, doch auf Berlin trifft diese Umschreibung auch zu. Aber nicht nur für Nachtschwärmer hat die Muddastadt so einiges zu bieten. Welche (geheimen) Orte Sie sich tagsüber nicht entgehen lassen sollten, welche Übernachtungsmöglichkeiten und Restaurants zu empfehlen sind und warum es sich mehr als lohnt, Berlin mit der S-Bahn oder anderen öffentlichen Verkehrsmitteln zu erkunden, sind nur einige Tipps und Infos, mit denen ich Sie auf die schönste Stadt der Welt einstimmen möchte. Neugierig geworden? Dann geht' s jetzt los!

# Warum Berlin?

**W**eil Berlin anders ist und bereits verschieden in sich. Kein Berliner ist wie der nächste, jeder Ort hat etwas ganz Besonderes an sich – und wenn es nur beim genauen Hinschauen zu erkennen ist – und somit gibt es selbst für eingefleischte Berliner immer wieder etwas Neues zu entdecken. Wie stark die unterschiedlichsten Eindrücke, Personen und Mentalitäten dann erst auf jemanden einwirken, der noch nie in Berlin war, ist also kaum in Worte zu fassen. Nicht zu Unrecht sagt man jedem Bezirk einen eigenen Charakter nach. Kreuzberg sei angeblich voller Hipster, Friedrichshain das Quartier der Ökos und in Prenzlauer Berg lassen sich mit Vorliebe junge Familien nieder. Klischees die irgendwie ein wenig zutreffen und doch nicht ausreichen, um die Vielfalt dieser Stadt in Worte zu fassen, denn in Berlin ist jeder überall willkommen, auch wenn die dazugehörige Kodderschnauze, hinter der sich meistens ganz viel Herz verbirgt, gegenteiliges vermuten lässt. Es ist also völlig unwichtig, was Sie anziehen, wie Sie Ihre Haare frisieren oder ob Sie vielleicht sogar im tiefsten Winter keine Schuhe zu tragen pflegen – den Berliner interessiert das nicht, denn schließlich macht er selbst auch genau das, worauf er Lust hat und verurteilt Sie nicht für Ihre Lebensweise, Ihre Sexualität, Herkunft oder Ihren Musikgeschmack.

In gleicher Weise überzeugt die Hauptstadt mit verschiedensten Freizeitmöglichkeiten, Sehenswürdigkeiten und mehr oder minder stillen Plätzchen, wo man es sich abends auf ein Bier oder ein Gläschen Wein gemütlich machen kann. Sie gehen gerne ins Theater? Davon hat Berlin über 150 in petto. Sie möchten etwas Außergewöhnliches erleben und genauso außergewöhnliche Menschen kennenlernen? Dann besuchen Sie doch den Karneval der Kulturen, der jährlich zu Pfingsten in Kreuzberg stattfindet. Wenn es Nacht wird sind Sie noch lange nicht müde? Ab ins Berghain, das Matrix oder unzählige Szeneclubs wie den Tresor. Egal, wonach Sie bei ihrem Reisetrip suchen: in Berlin werden Sie es finden! Außer vielleicht, es handelt sich um einen Parkplatz in der City. Das wird nix.

## DIE GETEILTE STADT

Mehr als 28 Jahre teilte sie Ost- und Westberlin voneinander: die Berliner Mauer. Auch wenn angeblich nie jemand die Absicht hatte, ebendiese zu errichten, wie Walter Ulbricht im Juni 1961 öffentlich erklärte, hinderte das geschichtsträchtige Bauwerk, von dem dreißig Jahre nach ihrem Fall nur noch Teile zum Gedenken an diese Zeit übrig geblieben sind, die Bevölkerung daran, von einem Teil der Stadt in den anderen zu gelangen.

Während der Osten nach dem zweiten Weltkrieg Besatzungszone der Sowjetunion wurde, teilte sich Westberlin zwischen den Franzosen, Briten und US-Amerikanern auf. Ein Teil der Geschichte Berlins, der niemals in Vergessenheit geraten wird, weswegen der Stadt viel daran gelegen ist, ihn sowohl für die Berliner als auch für Sie, Berlins Besucher, auf verschiedenste Art und Weise aufzuarbeiten. Die sehenswertesten Mauergedenkplätze wollen wir Ihnen an dieser Stelle nicht vorenthalten.

Die sich auf 1,4km Länge erstreckende **Gedenkstätte Berliner Mauer** an der Bernauer Straße, wo einst der sich im Westen befindende Bezirk Wedding vom östlichen Bezirk Mitte abgegrenzt wurde, wurde bereits im August 1998 offiziell eingeweiht. Dazu gehört ein Dokumentationszentrum, die Kapelle der Versöhnung und seit Dezember 2009 ein Besucherzentrum. An diesem Ort befindet sich das letzte Stück der Berliner Mauer, dessen Tiefenstaffelung erhalten geblieben ist, wodurch den Besuchern eindrücklich verdeutlicht wird, wie die Mauer und das Grenzsystem funktioniert haben.

Gleichzeitig wird an die Opfer der kommunistischen Gewaltherrschaft gedacht, die u.a. bei Fluchtversuchen in den Westen ums Leben kamen. Das Besucherzentrum und das Dokumentationszentrum sind ganzjährig von Dienstag bis Sonntag zwischen 10 und 18 Uhr geöffnet und bestechen nicht nur mit ihrer bildhaften, spannenden und respektvollen

Ausarbeitung und dem hohen Lernfaktor, sondern auch mit freiem Eintritt bzw. Führungen, für die pro Person in der Regel 3€ zu zahlen sind. Die Ausstellung im Gedenkstättenarsenal ist für Besucher täglich von 8 bis 22 Uhr zugänglich. Wer aus nächster Nähe am Beispiel des Grenzstreifens an der Bernauer Straße sehen und verstehen möchte, welche Ausmaße die gewaltsame Teilung Berlins tatsächlich hatte, kommt um einen Besuch der Gedenkstätte Berliner Mauer nicht herum.

Ebenfalls absolut sehenswert ist das **Mauermuseum am Checkpoint Charlie** in der Friedrichstraße, wo am 9. November 1989 die Grenze geöffnet wurde und das ganzjährig von 9 bis 22 Uhr seine Pforten für Besucher geöffnet hat. In beeindruckender Art und Weise dokumentiert das moderne und überaus vielseitige Museum den Mauerbau und kritisiert damals wie heute die damalige Missachtung der Menschen- und Bürgerrechte der Berliner. Der Besucher wird dadurch dazu aufgerufen, die freiheitliche Demokratie zu beschützen und gegen Feinde dieser die Stimme und mehr zu erheben. Was das Museum so besonders macht, ist nicht zuletzt die Tatsache, dass es bereits direkt nach dem

Mauerbau am 13. August 1961 gegründet und im Oktober 1962 eröffnet wurde. So nah wie möglich am Unrecht dagegen zu protestieren und denen, die nach Hilfe schrien zu helfen, war die Intention des Gründers Dr. Rainer Hildebrandt. Zu sehen gibt es politische Kunstwerke, die einen umfangreichen Überblick über die künstlerische Verarbeitung des Mauerfalls und eine Repräsentation des Engagements unzähliger Künstler für die Menschenrechte im Allgemeinen bieten, verschiedene Fluchtobjekte, Teile der Mauer, historische Fotos und vieles mehr. Außerdem lädt das dazugehörige Museums-Café auf eine kleine oder größere Stärkung ein. Erwachsene zahlen einen Eintritt von 14,50€, darüber hinaus gibt es verschiedene Ermäßigungstarife für Studenten, Gruppen, Schüler, Kinder, Sozialticketinhabende und Schwerbehinderte. Außerdem hat das Museum täglich die Vorführung von Spiel- und Dokumentarfilmen zu bieten, wie z.B. "Das Wunder von Berlin", die allesamt im Eintrittspreis enthalten sind. In seiner Gesamtheit ist das Mauermuseum am Checkpoint Charlie sowohl für jüngeres als auch älteres Publikum definitiv geeignet und damit in jedem Fall einen Besuch wert!

Eingeweiht im Herbst 1994 (zumindest der erste Bauabschnitt) bietet der **Berliner Mauerpark** seit jeher einen Treffpunkt für ein breites, freiheitsliebendes und offenes Publikum. Vor allem sonntags lohnt sich ein Besuch im Park an der Bernauer Straße, wo früher die Bezirke Wedding und Prenzlauer Berg voneinander getrennt wurden. Wer noch ein Stück weiter geht, bevor oder nachdem er den Park besucht hat, kann übrigens gleich der Gedenkstätte Berliner Mauer, die bereits vorgestellt wurde, einen Besuch abstatten. Also warum gerade am Wochenende in den Mauerpark? Nicht zuletzt wegen des legendären und absolut sehenswerten Flohmarkts. Bummeln sie durch zahlreiche Stände, die Kleidung, Schmuck, Taschen, Instrumente, Handgemachtes, Bastelmaterial und sehr viel mehr anbieten.

Außerdem werden Sie von verschiedenen Imbissständen kulinarisch versorgt. Die Pommes sind der Wahnsinn, das kann ich Ihnen aus eigener Erfahrung versprechen! Umgeben werden Sie dabei von einer anhaltend freundlichen, nachbarschaftlichen Stimmung, sowohl von Seiten der Flohmarktverkäufer, die zum Großteil Privatleute sind, als auch von den anderen Besuchern. Wenn dann noch das Wetter mitspielt und Sie, sobald Sie das Wort Karaoke hören, in lautes Jubeln verfallen, wird es Sie freuen zu hören, dass seit 2009 jeden Sonntag ab 15 Uhr im Amphitheater gemeinsam gesungen wird. Große Auftritte, gemeinschaftliche Momente, verborgene Talente und viel Spaß sind dabei garantiert! Sollte das alles nichts für Sie sein oder doch und Sie möchten irgendwann Ihre Stimme bei einem kühlen Getränk schonen oder Ihre Füße vom über den Flohmarkt schlendern erholen, lädt die große Wiese des Mauerparks zum Verweilen ein. Eine Basketball-Anlage, einen Spielplatz und eine Graffiti-Mauer gibt es ebenfalls. Sollten Sie zu Ostern in Berlin sein, können Sie für Ihre Kinder Ostereier im Park verstecken und einen schönen Spaziergang machen.

Zur Walpurgisnacht können Sie gemeinsam in den Mai tanzen und zur Fête de la Musique, die jedes Jahr am 21. Juni stattfindet, wird eine der Hauptbühnen im Mauerpark aufgebaut, wodurch zum Feiern und Tanzen eingeladen wird. Einen Eintritt müssen Sie selbstverständlich nicht bezahlen, doch haben Sie ruhig ein wenig Kleingeld dabei, falls Sie auf dem Flohmarkt Ihr neues Lieblingskleid entdecken oder eine Bratwurst essen wollen. Da es leider nur wenig Parkmöglichkeiten gibt, ist eine Anreise mit den öffentlichen Verkehrsmitteln, wie Bus und Bahn, empfehlenswert. Und wenn Sie dann erstmal da sind, werden Sie es nicht bereuen, hingefahren zu sein, das verspreche ich Ihnen!

Ein letzter, in jeglicher Hinsicht sehenswerter Ort, der an die Zeit des geteilten Berlins erinnert, ist die international bekannte **East Side Gallery**. Mit einer Länge von 1.361 Metern ist sie zum einen die längste Open-Air-Gallerie weltweit und zum anderen besteht sie aus dem längsten noch erhaltenen Stück der Berliner Mauer. Entlang der Mühlenstraße im Bezirk Friedrichshain haben sich über 100 Künstler zur Wendezeit auf dem bedeutsamen Artefakt verewigt. Eingeläutet durch den Mauerfall 1989 und den eintretenden Zusammenfall des Regimes der DDR, wurde im Februar 1990 damit begonnen, die ersten Mauerabschnitte der damit ins Leben gerufenen East Side Gallery zu bemalen. Insgesamt 106 Bilder von Malern aus 21 Ländern verewigten sich auf diesem Abschnitt der Mauer und schufen damit etwas, das bis heute Besucher und auch Einheimische in Staunen und ein respektvolles Erinnern versetzt. Seit November 1991 steht der gesamte bebilderte Abschnitt unter Denkmalschutz.

Mehrere Sanierungen, Restaurierungen und Reinigungsaktionen folgten, um die Kunstwerke zu erhalten und für die Nachwelt ein greifbares Stück der Geschichte zu bewahren. Leider kommt es immer wieder zu unschönen Schmierereien auf einem der fünf beliebtesten Touristenzielen in Deutschland, weswegen die Künstlerinitiative "East Side Gallery e.V." stetig um Spenden für aufwendige und kostspielige Handreinigungen der betroffenen Stellen bittet. Weitere Informationen finden Sie dazu auf der Homepage der East Side Gallery.

Wer sich die Gallerie mit seinen populären Motiven wie bspw. "Der Bruderkuss" von Dimitrji Vrubel aus nächster Nähe ansehen will, kann dies das ganze Jahr über bei einem kostenlosen Spaziergang entlang der beeindruckenden Kunstwerke tun. Führungen werden ebenfalls angeboten, allerdings nur für Gruppen ab zehn Personen für einen Preis zwischen 8,50€ und 15€ pro Teilnehmer. Künstlergespräche und Erklärungen in der englischen Sprache sind dabei möglich. Wer mit dem Auto anreisen möchte, kann bei der nahegelegenen Mercedes-Benz Arena parken. Ansonsten ist wie immer eine Hin- und Rückfahrt mit den öffentlichen Verkehrsmitteln empfehlenswert. Der Besuch ist behinderten- und familiengerecht und selbstverständlich ein Muss für all diejenigen, die sich für die Geschichte Berlins oder einfach nur für umwerfende Kunst begeistern.

## DER TYPISCHE BERLINER UND WAS DAVON WIRKLICH STIMMT

Wie erkennt man einen echten Berliner? Geht das überhaupt? Oder sind die Klischees vom typischen Hauptstädter an den Haaren herbei gezogen? Ich werde der Sache nun auf den Grund gehen, damit Sie wissen, was Sie erwartet, wenn Sie meiner Heimat einen Besuch abstatten.

**Der Berliner ist jung**. Es gibt durch die vielen Universitäten und Hochschulen unzählige Studenten, wodurch man in Berlin am besten aufgehoben ist, wenn man ebenfalls maximal in den Zwanzigern ist. Stimmt das? Laut der Tageszeitung "Berliner Morgenpost", die behauptet, das Durchschnittsalter der Berliner läge bei 42,7 Jahren, keineswegs. Wie alt die Hauptstädter nun auch immer sind und wie alt Sie auch sein mögen – für jede Generation gibt es genug Angebote und Möglichkeiten, Berlin auf einzigartige Art und Weise zu erleben. Sie brauchen also keine Angst haben, sich fehl am Platz zu fühlen, wenn Sie mit der Familie anreisen, sich in den Fünfzigern befinden oder bereits Rentner sind. Die Hauptstadt hat für jeden etwas zu bieten. Und wenn Sie bereits über dem Altersdurchschnitt der Muddastadt liegen und dennoch Lust haben, mit den jungschen Hüppern die Partynächte und Clubs unsicher zu machen, dann tun Sie das! In Berlin werden Sie dafür garantiert nicht schief angeschaut.

Klischée Nummer zwei: **Die Berliner und ihre "Schnauze"**. Eine Mischung aus häufig ziemlich derbem Humor und dem unverkennbaren Berliner Dialekt, der nichts an Direktheit vermissen lässt. Und ja, sie berlinern alle! Stimmt das? Meiner Erfahrung nach – und ich habe achtzehn Jahre lang in Berlin gelebt – nur teilweise. Gerade die jüngere Generation spricht sehr oft einwandfreies Hochdeutsch. Den Berlinern der Wendezeit fällt dies teilweise zwar schwer – oder sie sind stolz darauf, dass man sofort erkennt, wo sie herkommen – aber das bedeutet keineswegs, dass Sie bei Ihrem Besuch in Berlin bei all der scheinbar verbalen Härte die Herzlichkeit vermissen werden. Denn in den allermeisten Fällen verbirgt sich hinter der Berliner Mundart, die für viele sicher ungewohnt und im ersten Moment nicht gerade z.B. mit dem niedlichen und immer freundlich wirkenden Schweizerdeutsch zu vergleichen ist, sehr viel Wärme, Ehrlichkeit und ein großes, großes Herz. Wundern Sie sich also nicht, wenn der Taxifahrer kein ausschweifendes Gespräch mit Ihnen führen will oder – wenn er dann mal etwas sagt – nicht gerade die Freundlichkeit in Person ist, denn das hat nichts mit Ihnen zu tun und ist erst recht nicht so gemeint, wie man es vielleicht verstehen könnte. Und selbst die Berliner außerhalb der Zehner und Zwanziger Jahre sind nicht alle über einen Kamm zu scheren: was habe ich nicht schon für lustige und überraschende Monologe von Busfahrern über die Stadt, über die Fahrgäste und über seine von der lieben Ehefrau geschmierten Stulle gehört! Wir sind nicht alle gleich, keine Sorge. Und selbst die, die im ersten Moment ein bisschen sehr kaltschnäuzig daher reden, sind im Grunde gute Seelen. Zumindest allermeistens.

Bewegen wir uns doch ein wenig in die kulinarische Richtung! **Der Berliner isst angeblich nichts als Currywurst und Döner.** Was anderes kommt nicht auf den Tisch. Warum auch nicht? Schließlich ist erstere hier bereits im Jahre 1949 das erste Mal am Imbissstand von Herta Heuwer angeboten worden und letzterer begeistert seit den 70er-Jahren die Berliner und ihre Besucher. Haben Sie mal in der Türkei nach einem Imbiss gesucht, der Döner so verkauft, wie wir ihn kennen? "Mit allem, Knoblauchsoße und ohne scharf?" Vermutlich waren Sie dabei nicht sehr erfolgreich, denn den legendären Döner Kebab, wie das üppige Frühstück, Mittag, Abendessen oder der Nach-dem-Feiern-Snack heißt, gibt es in der Türkei zwar, allerdings essen die Türken ihn ganz anders als die Berliner, nämlich ohne Salat und Soße, dafür mit Pommes und Peperoni im Brot. Der Döner, wie wir ihn in Deutschland genießen, ist davon also meilenweit entfernt und den besten gibt es in Berlin. Essen wir ihn daher täglich und zu jeder Mahlzeit?

Na gut, manchmal schon. Zumindest bietet er sich zu jeder Tageszeit an, aber Berlin hat noch so unendlich viel mehr zu bieten, damit Sie nicht verhungern müssen. Egal ob vegetarisch, vegan, deutsche Hausmannskost oder internationale Spezialitäten – hier bleibt kein Wunsch offen, worauf ich an späterer Stelle noch zurückkommen werde, um Ihnen meine Top-Favoriten innerhalb der Hauptstadt vorzustellen.

Aber zunächst noch zu einigen, im Durchschnitt zugegeben wahren, Vorurteilen gegenüber den Berlinern. Keine Angst, das wird sie nicht weniger sympathisch machen oder all Ihre Pläne bezüglich Ihrer Reise nach Berlin über den Haufen werfen. **So sind etwas mehr als die Hälfte der Berliner single**, weswegen häufig davon ausgegangen wird, die Stadt bestehe ausschließlich aus Junggesellen. Man sei deswegen am besten dort aufgehoben, wenn man selbst auf der Suche nach einem Flirt oder etwas Festem ist. Statistisch gesehen mag das zwar so sein, in der Praxis sieht die Sache dann aber doch ein wenig anders aus. Ja, es gibt viele Alleinstehende und das in allen Altersgruppen, aber etwas weniger als die Hälfte der Berliner befindet sich eben auch in einer festen Partnerschaft. So oder so – egal was sie auf ihrer Reise zu finden hoffen oder auch nicht: in Berlin haben Sie gute Chancen, damit erfolgreich zu sein.

Was gehört noch zum typischen Berliner? Seine **Liebe zu Techno-Musik**, was durch eine Statistik des Streamingdienstes Spotify bestätigt wurde. Dementsprechend gibt es viele Clubs, die sich auf genau diese Art der Musik spezialisiert haben. Wenn Sie also selbst ein Liebhaber davon sind, sind Sie in Berlin gut aufgehoben. Und wenn nicht? Dann gibt es unzählige andere Diskotheken, die die verschiedenen Geschmäcker bedienen. Es ist also für jeden Geschmack etwas dabei.

**Wie steht es mit der Pünktlichkeit der Berliner? Eher so mittelmäßig gut.** Das machen sie aber nicht mit Absicht, echt nicht. Irgendetwas kommt einfach immer dazwischen: eine verspätete (oder gar ausgefallene) S-Bahn, eine gesperrte Straße, irgendeine Person, die man kennt und mit der man sich auf dem Weg verquatscht oder der Späti-Besitzer, mit dem Ähnliches passieren kann. Am besten passt man sich dem an und nimmt Verspätungen nicht allzu schwer. Außerdem haben Sie ja ohnehin Urlaub – da kann man seine Pläne und seinen Tagesablauf ruhig auch etwas entspannter angehen.

Sie laufen über den Ku'damm und kreuzen dabei plötzlich den Weg mit Matthias Schweighöfer, Heike Makatsch oder ihrem Lieblingsschauspieler von "Gute Zeiten Schlechte Zeiten"? In Berlin ist das nicht ungewöhnlich. **Viele Promis leben in und lieben Berlin**, ist ja auch eine tolle Stadt. Sogar ganz große Hollywood-Streifen wie "Die Tribute von Panem – Mockingjay: Teil 2" wurden teilweise in der Hauptstadt gedreht, weswegen auch immer mal wieder Komparsen und Statisten gesucht werden. Es kann also durchaus vorkommen, dass Sie nicht nur deutschen, sondern auch internationalen Größen aus Film, Fernsehen und Musik bei ihrem Trip begegnen oder zufällig an einem Filmset vorbeischlendern.

**Selten lässt der Berliner sich gerne etwas sagen**, verbieten oder zu irgendwas bewegen, wozu er einfach keine Lust hat. In der Bahn darf man keinen Alkohol trinken? Seit wann? Und wer kontrolliert das? Die Berliner interessiert es ohnehin nicht, das Feierabend-Sterni wird so oder so in der S7 getrunken. Feiern an öffentlichen Plätzen ist auch verboten? Das interessiert den Hauptstädter noch viel weniger. Und morgen früh muss er dank Frühschicht noch mitten in der Nacht raus? Dann macht er eben durch. Muss man mögen oder zumindest tolerieren, aber Sie sollten darauf definitiv vorbereitet sein, damit Sie sich dann im Fall der Fälle einfach ebenfalls ein Bierchen in der Bahn aufmachen oder in den nächsten Wagon wechseln, in dem sich an die unliebsamen Regeln gehalten wird.

**Ja, wir Berliner schimpfen oft genug über so ziemlich alles.** Über die ausgefallene U-Bahn (als würde die nächste nicht in fünf, sondern in fünfzig Minuten kommen), über die ganzen Touris am Brandenburger Tor, die die Öffis verstopfen und über den ganzen Rest, ohne ein Blatt vor den Mund zu nehmen. **Aber wenn es drauf ankommt, lieben wir unsere Stadt**, wir lieben unseren Bezirk und wir sind stolz darauf, aus Marzahn, Kreuzberg, Pankow oder Friedrichshain zu kommen. Denn schließlich ist Berlin die schönste Stadt der Welt. Zumindest in unseren Augen und hoffentlich auch bald in Ihren!

**Außerdem ist der Berliner immer humorvoll, auch wenn wir dabei ganz schön derbe sein können**. Egal, was passiert, egal, wie sehr gerade alles den Bach runterläuft – unseren Witz verlieren wir dabei nie. Am besten lachen Sie also mit, das ist sowieso in den allermeisten Fällen die richtige Entscheidung.

Ein letzter, nicht gerade unwichtiger Punkt, der zu Berlin gehört wie das Huhn zum Ei – und das nicht erst seit Fridays for Future – ist die **Hohe Demonstrationsquote**. Der Berliner setzt sich für das ein, woran er glaubt, wofür er kämpfen will und was ihm aus dem Herzen spricht. Für Freiheit und Toleranz, für Selbstverwirklichung, für eine bessere Zukunft und für Gleichheit und Gleichberechtigung, in jeglicher Hinsicht. So etwas aus nächster Nähe mitzuerleben, ist in den meisten Fällen sehr beeindruckend, emotional und manchmal den eigenen Blick für Neues öffnend. Falls Ihnen das aber zu laut, zu aufwühlend oder zu stressig für einen entspannten Urlaub in Berlin ist, müssen Sie sich keine Sorgen machen: die Stadt ist groß genug, um einer Demo auch mal aus dem Weg zu gehen.

# WARUM BERLIN LEBENS- UND SEHENSWERT IST

Wer nach Berlin reist, macht in der Regel keinen entspannten Urlaub am Meer (welches Meer denn auch?) oder Pool. Wer nach Berlin reist, will meistens etwas erleben, die Stadt und die Leute kennenlernen und die schönsten Sehenswürdigkeiten erkunden. Einige davon wurden in Bezug auf die Berliner Mauer bereits vorgestellt. Wenn Sie aber noch andere Sachen sehen möchten, die nichts mit der Zeit der Teilung Berlins zu tun haben, kommt nun eine Auswahl der Tourispots, für die es sich wirklich lohnt, auch mal etwas länger in der Schlange zu stehen.

Es gehört zu *den* Klassikern schlechthin, wenn man Berlin besucht und selbst die Einheimischen haben zu 95% ein Bild, wie sie davor stehen und nett in die Kamera lächeln: das **Brandenburger Tor**. Zugegeben, es ist ebenfalls ein Symbol der Wiedervereinigung der BRD (Westen) und der DDR (Osten), vorenthalten möchte ich es Ihnen dennoch nicht. Nachts beleuchtet ist es auch zu später Stunde ein beliebtes Ziel auf der Liste der Berliner Sehenswürdigkeiten und das nicht zuletzt wegen seiner hervorragenden Lage an der Straße "Unter den Linden", wo man davor oder danach den Abend in unzähligen Bars und Restaurants ausklingen lassen kann. Damals noch verbarrikadiert in der Todeszone, findet heute jährlich das größte Silvesterfest der Welt am 26 Meter hohen Tor mit der charakteristischen Quadriga statt, die sich, wenn man nichts gegen große Menschenmassen hat, immer wieder großer Beliebtheit erfreut. Auch tagsüber sollten Sie etwas Zeit mitbringen, wenn Sie das typische perfekte Foto davor schießen möchten, denn selten ist der Pariser Platz vor dem Brandenburger Tor leer und das selbst bei schlechtem Wetter. Ihr Besuch ist kostenlos und eine U-, S-Bahn und ein Bus bringen Sie direkt ans Ziel. Muss man gesehen haben, so viel steht fest!

Ebenfalls ein zugegeben naheliegendes Muss auf der Liste der Sehenswürdigkeiten, die man sich in Berlin nicht entgehen lassen sollte, ist der **Reichstag**. Unweit entfernt vom Brandenburger Tor hat das insgesamt 47 Meter hohe und überaus imposante Gebäude ein Aussichtsdach und die charakteristische Glaskuppel zu bieten, die man kostenlos besichtigen kann, um den fantastischen Blick über

Berlin genießen zu können. Außerdem gibt es an diesem Ort immer wieder verschiedene Ausstellungen und die Plenarsitzung des Bundestags zu bestaunen. Führungen kosten zwischen 9 und 12€. Am besten melden Sie sich vorher online oder direkt vor Ort in einem kleinen Service-Center an, um sich das häufig stundenlange Warten in der Schlange der Interessierten zu sparen. Wenn Sie außerdem mal live und in Farbe erleben wollen, wie die Bundesregierung tagt und diskutiert, können Sie sich ebenfalls vorab im Internet registrieren und anmelden, um kostenlos zuhören zu dürfen. Erreichbar ist der Reichstag ebenfalls über diverse öffentliche Verkehrsmittel, Sie können aber auch zwei Fliegen mit einer Klappe schlagen und direkt vom Brandenburger Tor aus in wenigen Minuten dorthin spazieren.

Wie wäre es mit einem Tag in fünf Museen der unterschiedlichsten Stilrichtungen? Klingt gut? Dann auf zur **Museumsinsel**, die übrigens auch zum Weltkulturerbe der UNESCO gehört. Ebenfalls nicht weit entfernt vom beliebten Boulevard "Unter den Linden" wird zur Zeit die eine Seite der Insel restauriert, um ihre Schönheit zu erhalten, während die andere Seite diesen Schritt bereits weitestgehend erfahren hat. Sie haben die Auswahl (oder vielleicht besuchen Sie auch alle hintereinander) zwischen dem Alten Museum, in dem antike Artefakte für Sie aufbereitet wurden, dem Neuen Museum mit Ägyptischen Stücken und einer Papyrussammlung, der Alten Nationalgalerie mit Gemälden des Klassizismus, der Romantik und mehr, dem Pergamonmuseum mit bspw. islamischen Kunstwerken und dem Bode-Museum mit u.a. Byzantinischer Kunst. Regulär bezahlen Sie für den Besuch eines Museums, das übrigens ganzjährig geöffnet hat, 10 bis 12€, 5 bis 6€ für Kinder und 18 bzw. 9€ für alle Museen. Auch hier lassen die Öffis Sie nicht im Stich und bringen Sie problemlos an ihr Ziel. Gegenüber liegt günstigerweise außerdem das Berliner Schloss inklusive Humboldt-Forum, das sich hervorragend zum Bestaunen eignet.

Haben Sie schon mal von der **Oberbaumbrücke** gehört? Sie zählt zu den beliebtesten Sehenswürdigkeiten Berlins und das bei Jung und Alt. Warum das so ist? Von der Brücke aus haben Sie einen hervorragenden Blick auf die riesige Skulptur Molecule Man, die in der Spree steht und die man unbedingt mal gesehen haben muss. Auf der anderen Seite läuft die bereits empfohlene East Side Gallery entlang und bis zur Warschauer Straße und zum Schlesischen Tor ist es für alle Partypeople und Nachtschwärmer ebenalls nicht weit. Im Jahre 1894 errichtet, fungierte sie anfangs nur als Eisenbahnbrücke. Zu Zeiten der Berliner Mauer markierte die unter der Brücke verlaufende Spree die Grenze zwischen Ost- und Westberlin, wodurch die Brücke nach der Wende mehr und mehr zu einem Symbol der Wiedervereinigung wurde. Außerdem verbindet sie die Bezirke Friedrichshain und Kreuzberg miteinander. Kleiner Geheimtipp: auf beiden Seiten schließen an die Oberbaumbrücke gemütliche Viertel mit vielen nationalen, aber vor allem internationalen Restaurants, Imbissständen, Eisläden und vielen anderen bunten, vielfältigen und interessanten Etablissements an, die für Ihr leibliches Wohl sorgen.

Sie möchten nicht nur viel von Berlin sehen, sondern auch etwas mit nach Hause nehmen? Wie wäre es dann mit einem ausgiebigem Shoppingtag entlang des berühmten **Kurfürstendamms**? Ganz in der Nähe vom Zoo bietet der Ku'damm seit dem

Ende des 19. Jahrhunderts die Möglichkeit, gemütlich umherzuschlendern und bildet dabei gleichzeitig eines der bekanntesten Wahrzeichen Berlins. Mittlerweile vor allen Dingen für seinen großen Konsumcharakter bekannt, befinden sich unzählige Filialen und Boutiquen der Trendlabel schlechthin am Boulevard selbst, der darüber hinaus in einer Richtung auf das weltberühmte KaDeWe (Kaufhaus des Westens) zuläuft. Richtung Grunewald werden die Preise der Designergeschäfte merklich angezogen. Wem das alles zu teuer und zu viel ist, wer aber dennoch Freude am Bummeln entlang unzähliger Schaufenster hat, für den wird ein Spaziergang über den Ku'damm definitiv die richtige Wahl sein. Für das leibliche Wohl ist ebenfalls an genügend Stellen gesorgt. Und wenn Sie am Ende des Tages Lust auf noch ein wenig mehr Kultur haben, bieten die Schaubühne am Lehniner Platz und das Theater am Kurfürstendamm für jeden Geschmack die beste Unterhaltung. Nehmen Sie etwas oder vielleicht etwas mehr Geld mit, falls Sie sich vollkommen unerwartet doch in ein paar Schuhe in der einen kleinen Boutique verlieben oder genau danach Ausschau gehalten haben. Ansonsten kostet Bummeln nichts. Da es mit dem Parken (wie eigentlich immer) schwierig werden könnte, empfehle ich erneut eine Anreise mit Bus und Bahn.

Wer seinen Urlaub gerne etwas historischer gestalten möchte und sich für die Geschichte Berlins in seiner Entstehungsphase interessiert, sollte sich unbedingt das beeindruckende **Nikolaiviertel** im Bezirk Mitte ansehen. Ganz in der Nähe vom Alexanderplatz und dem Roten Rathaus erstreckt sich das älteste Siedlungsgebiet Berlins in all seiner Schönheit und das, obwohl es im Zweiten Weltkrieg fast vollständig zerstört wurde. Wiederaufgebaut zwischen 1980 und 1987 vom Architekten Günter Stahn konnte der besondere Zeitgeist jedoch erhalten werden. Man fühlt sich bei einem Spaziergang durch das überaus beliebte Stück Berlins plötzlich wie in einer eigenen Kleinstadt im Stile der 1237 gegründeten Doppelstadt Berlin-Cölln, die im Laufe der Zeit nach und nach zu einer Stadt, Berlin, verschmolz. Zu sehen gibt es kleine Handwerkerhäuser, rüstige Backsteingebäude und die Nikolaikirche, die immer wieder von Plattenbauten aus DDR-Zeiten durchkreuzt werden. Das Viertel entwickelt damit einen außergewöhnlich eigenen Charme, den

man nicht in Worte fassen kann, sondern schlicht-
weg selbst auf sich einwirken lassen muss.

Reisen Sie mit Ihren Kindern an und suchen
noch nach einem Erlebnis für die ganze Familie?
Dann ist der **Zoologische Garten** Berlins genau das
Richtige für Sie und ihre Liebsten! Der älteste Zoo
Deutschlands und artenreichste Zoo der Welt bietet
auf einer Fläche von unglaublichen 33 Hektarn in
der Nähe des Ku'damms mehr zu sehen, als man
sich überhaupt vorstellen kann. Viele, teilweise vom
Aussterben bedrohte, Tierarten haben hier ihr Zu-
hause gefunden und machen eindrucksvoll darauf
aufmerksam, dass wir Menschen Teil eines großen
Ganzen sind, das wir in seiner Gänze nur erahnen
können. Dabei wird bei allen Tieren, auch denen im
separat besuchbaren Aquarium wie z.B. Krokodilen
und vielen weiteren Arten, größte Sorgfalt auf ein
möglichst naturnahes und angenehmes Lebensum-
feld geachtet. Darüber hinaus gibt es unzählige
Sitzmöglichkeiten, Einrichtungen für Ihr leibliches
Wohl und mehr für eine Verschnaufpause. Die Anlage ist dabei vollkommen barrierefrei eingerichtet.
Sie zahlen regulär einen Eintritt von 15,50€, für
Ihre Kinder kostet der Spaß 8€. Ganz in der Nähe

gibt es mehrere Parkhäuser und -garagen. Alternativ können Sie aber auch problemlos mit den öffentlichen Verkehrsmitteln anreisen.

# Insidertipps

Jede Stadt hat ihre Geheimnisse. Manche sind größer, manche sind kleiner. Einige versteht man nur, wenn man selbst dort aufgewachsen ist, manche nicht mal dann. Die Insidertipps, also Orte, Veranstaltungen und Attraktionen, die für Ihren Besuch in der Hauptstadt wirklich von Vorteil sind, möchte ich Ihnen nun vorstellen, damit Ihr Trip einzigartig und unvergesslich wird.

Seit ich denken kann, geht meine Mutter immer mal wieder dienstags oder donnerstags zwischen 11 und 18 Uhr auf den **Türkischen Wochenmarkt am Maybachufer** in Berlin Neukölln, um Stoffe, selbstgemachten Schmuck und Kleidung, frisches (und oft unfassbar günstiges) Obst und u.a. türkische Spezialitäten an Imbissständen zu ergattern. Sobald man entlang eines Nebenkanals der Spree vor Ort ist, fühlt es sich jedes Mal an, als würde man in eine andere Welt eintauchen. Im Sommer geben oft Straßenmusiker ihr Talent zum Besten, wodurch die Stimmung noch ausgelassener und schöner wird, als sie ohnehin schon ist. Manchmal sind meine Mutter und ich einfach über den Markt geschlendert, hin und her, haben uns etwas zu Essen geholt oder einen frisch gepressten Saft, die Zeit unbeschwert genossen, aber manchmal haben wir auch ganz bestimmte Sachen gesucht, wie frische Kräuter oder eine Kiste Avocados. Meine Mutter, die eine passionierte Näherin ist, deckt sich bei so gut wie jedem Besuch mit verschiedenen Stoffen ein, die oft unschlagbare Preise haben, dabei aber nichts an Qualität einbüßen.

Doch was diesen Markt wirklich ausmacht und zu einem absoluten Insidertipp macht, sind die Menschen. Egal ob Händler oder Besucher – hier ist jeder willkommen, man wird permanent angelächelt und gegrüßt und hat dabei nicht ständig das Gefühl, dies geschehe nur, weil man ein potenzieller

Kunde sein könnte. Die Leute sind verschieden, sie sind bunt und egal, wie man aussieht, wo man herkommt und warum man da ist – man fühlt sich einfach wohl. Manchmal findet man in den Nebenstraßen einen Parkplatz, verlassen sollte man sich darauf aber nicht, was aber überhaupt nicht schlimm ist, weil sich in unmittelbarer Nähe bspw. verschiedene U-Bahnstationen und Bushaltestellen befinden. Lassen Sie sich darauf ein, wenn Sie Lust auf ein eigenes kleines Universum mitten in Berlin haben! Sie werden es nicht bereuen.

Direkt an der Holzmarktstraße und ebenfalls am Wasser wurde und wird eine immer größer werdende Oase geschaffen, zu der es kaum vergleichbare Orte gibt: der **Holzmarkt**. Das Kreativdorf befindet sich in der Nähe vom Ostbahnhof, soll eine Verbindung zwischen den aufeinandertreffenden Bezirken Friedrichshain, Kreuzberg und Mitte schaffen und ist ein wahres Highlight, egal, ob man mit Freunden am Spreeufer einen Kaffee oder ein, in der zum Holzmarkt gehörenden Brauerei selbstgebrautes, Bier trinken möchte, einem Konzert im Säälchen lauschen will oder sich im Katerschmaus an der großen Fensterfront sitzend eine köstliche

Mahlzeit gönnen möchte. Neue Leute lernt man hier ständig kennen, inspirierende Begegnungen finden in Dauerschleife statt. Wer sich beruflich oder kreativ ausleben möchte und dafür mal einen Tapetenwechsel braucht, ist im Coworking Space bestens aufgehoben. Ein gemeinschaftlicher Drucker, 22 Arbeitsplätze, eine Couchecke für eine entspannte Pause, eine Küche und einiges mehr sorgen für maximale Produktivität. Sogar ein eigenes Studio für Foto- und Filmproduktionen, Events und Meetings kann gemietet werden. Und was ist das Beste dabei?

Der Holzmarkt setzt sich für Menschen mit Beeinträchtigungen ein, um sie in ihrem Arbeitsleben zu unterstützen und eine gelungene Inklusion zu ermöglichen. Dafür wurde in den letzten Jahren bspw. das Projekt HolzOMA – eine offene Holzwerkstatt für alle Interessierten – realisiert. Die HolzOMA und generell der gesamte sich in ständiger natürlicher Veränderung bewegende Holzmarkt legen großen Wert auf Nachhaltigkeit und Wiederverwertung. Mit Ihrem Besuch tauchen Sie in diese großartige Arbeit ein, können an ihr mitwirken, die Zeit aber auch einfach nur bei einem Getränk genießen. Dieser Ort ist etwas Besonderes, mit beson-

deren Menschen und einer besonderen Gemein-
schaft, aus der so schnell niemand ausgeschlossen
wird. Die Pforten des Holzmarkts mit seinem im
freien gelegenen Gelände sind für Sie dauerhaft
geöffnet, wobei die Öffnungszeiten bspw. des Kater-
schmauses oder der HolzOMA begrenzt sind.

Der folgende Ort, den ich Ihnen empfehle, ist
zwar kein Alleinstellungsmerkmal für Berlin, aber
so schön und sehenswert, dass ich Ihn dennoch an
dieser Stelle aufgreife. Das **Zeiss-Großplanetarium**
ist eines der größten und modernsten Theater in
ganz Europa, das sich allein den Sternen verschrie-
ben hat. Im Oktober 1987 eröffnet, ist es noch heute
ein beliebtes Ausflugsziel für Schulklassen, Familien, verliebte Pärchen und alle anderen. Denn was
ist schöner, als in einer fantastischen Athmosphäre
gemeinsam in einen sternenklaren Himmel zu bli-
cken? Naturwissenschaftliche Erkenntnisse werden
so aufbereitet, dass Sie gleichzeitig etwas lernen
und auf beste Art und Weise unterhalten werden,
bspw. durch die Mitwirkung von Komponisten, Gra-
fikern und Schauspielern. Lehnen Sie sich ent-
spannt zurück, genießen Sie den Ausblick und lauschen Sie, es lohnt sich. Das Planetarium befindet

sich an der Prenzlauer Allee und ist dadurch hervorragend mit Bus und Bahn zu erreichen. Die Öffnungszeiten richten sich nach den jeweiligen Veranstaltungen, die Sie vorher nochmal online recherchieren können, genauso wie die Eintrittspreise und ggf. ein Mindestalter, das man für den Besuch erreicht haben muss. Eine barrierefreie Bauweise ermöglicht ein einmaliges Erlebnis für jeden Besucher. Lassen Sie sich verzaubern und greifen Sie nach den Sternen!

Ein weiterer Geheimtipp ist die **Markthalle Neun**, auch Eisenbahnmarkthalle genannt, in der von Montag bis Samstag zwischen 12 und 18 Uhr ein unheimlich vielseitiger Wochenmarkt und eine breitgefächerte Marktgastronomie für das leibliche Wohl angeboten werden. Zusätzlich lädt donnerstags von 17 bis 22 Uhr der Street Food Thursday in die große Halle im schönen Kreuzberg unweit der Oberbaumbrücke ein, Street Food aus aller Welt zu genießen. Sie sehen also – Berlin hat *wirklich* mehr als Döner und Currywurst in petto. Kreative Personen mit einer Leidenschaft für gutes Essen ohne eigenes Restaurant und großes Startkapital bekommen in der Markthalle Neun die Möglichkeit, das zu tun, wofür ihr Herz schlägt: kochen. Und zwar für Sie! Probieren Sie sich kostengünstig durch viele Kleinigkeiten, die ihren Ursprung über den Globus verteilt haben. Am allerbesten ist dabei das wöchentlich wechselnde Angebot. Schlemmen Sie sich also durch die Küchen der Welt, es ist für jeden etwas dabei! Eine Anfahrt bspw. mit der U-Bahn lege ich Ihnen wärmstens ans Herz!

Haben Sie vor, im Winter nach Berlin zu kommen? Dann ist ein Besuch der 300 Quadratmeter großen **Eisbahn Rübezahl** am Müggelsee eine klare Empfehlung meinerseits. Die Eisbahn, die jährlich ab November bis März von Montag bis Sonntag ihre Türen für Berliner, Brandenburger und Gäste öffnet, ist ein beliebtes Ausflugsziel im schönen Köpenick. Sogar bei nicht so winterlichen Temperaturen können Sie zum Schlittschuhlaufen vorbeikommen, da die Eisbahn komplett überdacht und verglast ist. Vor Ort können Sie ihre eigenen Schlittschuhe schleifen lassen oder welche ausleihen (bei Bedarf auch mit Eislaufhilfen), sich leckere Snacks und sowohl heiße als auch kalte Getränke der Bärenalm schmecken lassen. Zur Auswahl stehen bspw. eine herzhafte Gulaschsuppe mit Brötchen, Laugenbrezeln, Käsekrainer mit Pommes Frites und für die Süßschnäbel Germknödel mit Vanillesauce und Mohn. Man fühlt sich also kulinarisch wie in den Bergen. Eislaufen können Sie täglich von 10 bis 12:30 Uhr und von 13 bis 16:30 Uhr. Dazwischen gibt es die Möglichkeiten, eine Runde Eisstockschießen zu spielen. Erwachsene zahlen pro Eiszeit 6€ oder 12€ für eine Tageskarte, Kinder bis 14 Jahre 4,50€ bzw. 9€. Für die Schlittschuhe bezahlen Sie pro Tag 4€, die Eislaufhilfe kostet Sie 3,50€. Parkplätze sind ausreichend vorhanden, eine Anreise mit dem Bus ist aber ebenfalls möglich.

Bei etwas milderen Temperaturen können Sie den mittlerweile nicht mehr ganz so geheimen, 2301 aber unfassbar schönen **Gärten der Welt** in Marzahn-Hellersdorf einen Besuch abstatten. Unter dem Motto "Internationale Gartenkunst in Berlin" lädt dieser beschauliche Ort täglich von 9 Uhr bis zum Einbruch der Dunkelheit dazu ein, sich verschiedenste liebevoll errichtete Gartenarten, wie z.B. den Christlichen Garten, den Balinesischen Garten oder den Orientalischen Garten anzusehen. Darüber hinaus gibt es seit nicht allzu langer Zeit die Möglichkeit, mit einer ab 10 Uhr geöffneten

Seilbahn vom Kienberg aus über das Wuhletal in die Gärten der Welt und zurück zu gleiten. Auf bis zu 35 Metern Höhe kann man dabei den fantastischen Ausblick bis ins Zentrum Berlins genießen. Sechs Kabinen verfügen über einen Glasboden, der den ungefähr 1,5 Kilometer langen Weg der Seilbahn noch atemberaubender macht, als er ohnehin schon ist.

Sollte das allerdings überhaupt nichts für Sie sein, weil Höhe nicht so Ihr Ding ist, gibt es in der riesigen Parklandschaft genug zu entdecken, ohne dabei vom Boden abheben zu müssen, wie zum Beispiel eine einem Amphitheater nachempfundene Arena, in der bis zu 5000 Menschen verschiedenste Events, wie bspw. klassische Konzerte und Laser-shows, hautnah miterleben können. Werfen Sie dafür am besten vorher einen Blick in den Veranstal-tungskalender der Gärten der Welt, die übrigens auch der wichtigste Schauplatz der Internationalen Gartenausstellung Berlins 2017 waren. Reisen Sie mit der Familie an, gibt es außerdem unzählige Spielplätze, darunter auch einen besonders im Sommer idealen Wasserspielplatz, die allesamt an Erich Kästners Kinderroman "Der 35. Mai" angelehnt sind. Als ich noch zur Grundschule gegangen bin, sind wir mit meiner Hortgruppe in den Ferien wöchentlich zu den Gärten der Welt spaziert und haben stundenlang das grüne, idyllische und kinderfreundliche Ambiente genossen. Sogar Trauungen und andere Festivitäten können vor Ort abgehalten werden. Tageskarten können vor Ort an mehreren Eingängen oder online erworben werden und kosten 3€ und 9,90€. Ausreichend Parkplätze sind verfügbar, falls Sie nicht mit Straßenbahn oder Bus anreisen möchten. Für das leibliche Wohl ist ebenfalls mit vielfältigen Imbissständen und Restaurants gesorgt, für die man teilweise aber etwas tiefer in die Tasche greifen muss, wenn es nicht gerade die klassische Pommes-Schranke to go sein soll.

Ein letzter Geheimtipp, der für Sie vor allem dann interessant sein dürfte, wenn Sie sich gerne bewegen, neues ausprobieren und im Idealfall Kinder haben, ist die **Trampolinhalle MYJUMP** bspw. in Berlin Ost. Dienstags bis sonntags öffnet die Halle mitsamt Schaumstoffgrube für besonders experimentierfreudige Springer, einem Parkour und natürlich unzähligen weiteren kleinen und großen

Trampolinen ihre Tore für Sie. Achtung: in den Ferienzeiten weichen die Öffnungszeiten von den regulären ab. Buchen können Sie verschiedene Pakete. Dabei haben Sie die Wahl zwischen 60, 90 und 120 Minuten Sprungzeit, Verlängerungen sind gegen einen Aufpreis ggf. möglich. Kleiner Tipp aus persönlicher Erfahrung: unterschätzen Sie die Zeit nicht. Ich war einige Male mit meinen wirklich sportlichen Brüdern vor Ort und nach anderthalb Stunden ist man fix und fertig. Wem das normale Hüpfen zu langweilig ist, der kann auch an einem Freestyle Jump Kurs teilnehmen, bei dem jede Menge Tricks erlernt werden können; die Night Jump nutzen, während der eine gigantische Discokugel für die entsprechende Stimmung sorgt oder am Mylaser Impossible teilnehmen, um sich wie ein echter Agent zu fühlen. Preislich müssen Sie zwischen 13 und 24€ einplanen, je nachdem, wie lange Sie springen möchten.

Empfehlenswert ist es, vorab online zu buchen, da es an den Wochenenden oder während der Ferien auch mal etwas voller werden kann und die Halle eine Maximalkapazität hat. Snacks und Getränke können in der Halle im Gastronomiebereich erworben werden, wo Sie sich vom Springen erholen oder auf ihre tobenden Kinder warten können. Direkt vor der Halle gibt es einige Parkplätze, die zu den Stoß-zeiten aber häufig belegt sind, weswegen eine An-fahrt mit der Straßenbahn, die nur wenige Meter neben dem Gebäude hält, zu empfehlen ist. Kinder unter sieben Jahren dürfen nur in Begleitung eines voll zahlenden Erwachsenen die Halle nutzen und spezielle Stoppersocken mit großem Gummiprofil sind unerlässlich, um springen zu dürfen. Diese sind vor Ort für 2,90€ pro Paar erwerbbar.

Sie können aber auch Ihre eigenen Socken mit-bringen, sofern diese geeignet sind und vom Perso-nal zugelassen werden. Tragen Sie außerdem ideal-erweise Sportkleidung oder bringen Sie welche mit. In der Halle gibt es dafür Umkleidekabinen und kostenlose Schließfächer für Ihre Wertsachen. Für Ihre Sicherheit gibt es bestimmte Regeln, die wäh-rend der Sprungzeit eingehalten werden müssen, weswegen es kurz davor eine Einweisung durch das Personal und ein kurzes Video gibt. Danach steht dem Spaß nichts mehr im Wege und glauben Sie mir, den werden Sie mit Sicherheit haben, auch wenn Ihnen am nächsten Tag vom Muskelkater womöglich die eine oder andere Körperstelle weh tut. Sollte der Fall eintreten, dass die Halle bereits zu voll ist, wenn Sie ohne Vorabbuchung ankommen, gibt es beim MYJUMP Ost die Möglichkeit, direkt nebenan in ein Kinderspieleparadies ("Bim und Boom") zu gehen, damit Ihre Kinder nicht allzu enttäuscht sind.

## WO SCHLÄFT ES SICH AM BESTEN?

Wenn Sie dann nach einem langen, erlebnisreichen Tag in der Hauptstadt nur noch müde und zufrieden ins Bett fallen wollen, wünschen Sie sich natürlich auch, dass dieses Bett so bequem, das Zimmer so schön und die Unterkunft allgemein so komfortabel und ihr Geld wert wie möglich ist. Wo es sich in Berlin in verschiedenen Preisklassen am besten schläft, verrate ich Ihnen jetzt.

Wer für eine Nacht bereit ist, rund 80€ (plus ca. 5% City Tax pro Tag zuzüglich) für zwei Personen für eine Unterkunft inklusive kostenlosem WLAN in bester Lage und mit 4 Sternen zu bezahlen, der ist im **Best Western Hotel** in der Kantstraße bestens aufgehoben. Ein ausgiebiges All-you-can-eat-Frühstück ist für 16€ pro Person im modernen Stadthotel dazubuchbar. Unweit vom S-Bahnhof Charlottenburg, den Wilmersdorfer Arcaden und dem Kurfürstendamm entfernt, befinden Sie sich im Herzen vom Westen der Hauptstadt mit unzähligen Restaurants, Bars und Einkaufsmöglichkeiten in der Nähe. Der gehobene Stadtteil, der für das Schloss Charlottenburg oder das KaDeWe bekannt ist, ist darüberhinaus verkehrstechnisch (sowohl für Reisende mit dem Auto oder mit den öffentlichen Verkehrsmitteln) hervorragend angebunden und ein wahres Highlight, selbst wenn man nur über den Ku'damm schlendern möchte. In der hauseigenen Tiefgarage können Sie ggf. Ihr Auto für 20€ pro Tag unterstellen. Die Erfahrungsberichte und Bewertungen online sprechen für sich! In diesem Hotel sind Sie bestens aufgehoben, wenn Sie sich die Übernachtung etwas mehr kosten lassen wollen.

Für wen es gerne auch etwas rustikaler, dafür aber umso einmaliger sein darf, was die Übernachtungsmöglichkeit angeht, dem empfehle ich, sich im **Eastern Comfort Hostelboot** einzuquartieren. Direkt zwischen den Bezirken Kreuzberg und

Friedrichshain an der East Side Gallery bietet die 3-Sterne-Unterkunft bspw. Kabinen für zwei Personen mit echten Bullaugenfenstern, einem Kleiderschrank und einem kleinen Bad für ungefähr 50€ pro Nacht. Dabei können Sie entweder einen Ausblick auf die Spree oder auf Teile der Berliner Mauer genießen. Nicht weit von der Oberbaumbrücke entfernt, befinden Sie sich in bester Lage mit vielen bereits empfohlenen Sehenswürdigkeiten in der Nähe und einer perfekten Anbindung an die öffentlichen Verkehrsmittel. So ist der Ostbahnhof, den auch viele regionale und überregionale Züge befahren, nur zehn Gehminuten entfernt und die Warschauer Straße lediglich drei Fußminuten.

Ein Bus hält direkt vor der Tür. Auch bis zum Alexanderplatz haben Sie es mit fünf Minuten S-Bahn-Strecke nicht weit. Eigene Parkplätze hat das Hostel nicht, man kann aber entlang der nahegelegenen Mühlenstraße kostenfrei parken oder das Parkhaus in der EastSide Mall nutzen. In der zum Hostel gehörenden Floating Lounge kann man drinnen, aber auch auf den Oberdecks Kaffee und Kuchen, sowie Eis und Getränke genießen, private Partys feiern und an Lounge Events wie einer Language Party teilnehmen. Die Rezeption hat für Sie rund um die Uhr geöffnet, kostenloses WLAN steht zur Verfügung, bezahlt werden kann in bar oder mit der Karte und das All-you-can-eat-Frühstücksbuffet, das vor Ort dazubuchbar ist, kostet für Gäste gerade mal 8€. Sehen Sie Berlin aus einem ganz anderen Blickwinkel, mitten im Geschehen und schlafen Sie vielleicht das erste Mal in Ihrem Leben an Deck eines Bootes! Sie werden es nicht bereuen!

Ebenfalls ein echtes Highlight für alle, die gerne mal nicht im klassischen Hotelzimmer schlafen möchten und dabei nicht allzu viel Geld auf den Tisch legen wollen, ist das **baxpax-Hotel Die Fabrik**. Wie der Name bereits andeutet, handelt es sich bei diesem Haus mitten im angesagten Kreuzberg um ein ehemaliges Fabrikgebäude, errichtet während der Jahrhundertwende, 1995 komplett restauriert und ausgebaut. Das Ergebnis ist der für den Bezirk typische Backsteinstil mit hellen und hohen Räumen und einem Garten im Hof. Bewusst hat Die Fabrik in ihren Räumlichkeiten auf Fernsehen, Telefon und Minibar verzichtet, um Ihren Aufenthalt so erholsam wie möglich zu gestalten. Allerdings gibt es dennoch für alle Gäste kostenloses WLAN. Duschen und Toiletten werden nach Geschlechtern getrennt auf jeder Etage gemeinschaftlich genutzt, eine hervorragende Reinigung findet mehrmals täglich statt. Sie haben die Wahl zwischen Einzel- bis Achterzimmern und das alles zu komfortablen Preisen. So sollten Sie für ein 2-Bettzimmer (Economy) für eine Übernachtung 64€ einplanen. Empfehlenswerterweise bleiben Sie aber gleich für zwei Nächte, da Sie dafür ähnliche bis identische Preise zahlen. Die Rezeption hat darüber hinaus rund um die Uhr für Sie geöffnet. Versorgt werden Sie durch unzählige Restaurants, Cafés und Bars im Viertel, verhungern muss also niemand! Ganz in der Nähe befinden sich der Bahnhof Lichtenberg, das Schlesische Tor und der Zoologische Garten. Wer mit dem Auto anreisen möchte, muss sich einen Parkplatz in den Nebenstraßen suchen, da es keine eigens zum Hotel gehörende Tiefgarage o.ä. gibt. Kurzum – egal ob Sie alleine oder mit einer großen Freundesgruppe anreisen: Die Fabrik ist für all diejenigen die richtige Wahl, die für eine perfekte Lage und einzigartigen Kreuzberger Flair auch mal auf ein eigenes Bad und das Fernsehen verzichten können.

Das **Arte Luise Kunsthotel** in der Luisenstraße in Berlin Mitte hält ebenfalls genau das, was sein Name verspricht. Ganz in der Nähe vom Reichstagsgebäude, dem Boulevard Unter den Linden und der Spree wird Ihnen ein einzigartiger Aufenthalt im 1825 errichteten klassizistischen Stadtpalais zu moderaten Preisen garantiert. Verschiedenste Künstler, Politiker und Edelmänner nächtigten bereits im Vorgänger "Künstlerheim Luise", aus dem sich das heutige Hotel entwickelt hat. Im zusätzlich errichteten Neubau des Hotels kommen Sie in den Genuss einer Vollklimatisierung und spezieller Schallschutzfenster.

Einige Zimmer im gesamten Etablissement bieten sowohl Dusch- als auch Wannenbad und TV. Kostenloses WLAN empfangen Sie im gesamten Komplex. Für den ganz kleinen Geldbeutel existieren noch einige der Tradition des "Künstlerheim Luise" entspringende, sehr günstige Hotelzimmer, die mit zentral angeordneten Dusch- und Toilettenräumen ausgestattet sind. Über 50 Künstler haben in den Zimmern des Hotels ihre Konzepte umgesetzt, inklusive Möblierung und weiterer Ausstattung, wodurch Sie optimal auf die Museen und Galerien Berlins eingestimmt werden oder eigene Inspiration finden können. Jeder Raum ist ein Unikat, keiner gleicht dem anderen, was den besonderen Reiz des Arte Luise Kunsthotels ausmacht, weshalb es auch als "Galerie zum Übernachten" bezeichnet wird, in dem sogar die Raucherlounge künstlerisch aufgearbeitet ist. Ein Doppelzimmer mit Dusche und WC für eine Nacht ist bereits ab 98€ buchbar. Die schon erwähnten günstigeren Doppelzimmer mit Sanitäranlagen für die gesamte Etage kosten Sie um die 59€ pro Nacht. In der Nähe gibt es mehrere öffentliche Parkhäuser und Tiefgaragen und genügend Haltestellen der öffentlichen Verkehrsmittel, die Sie nutzen können. Außerdem verfügt das Hotel über ein mediterranes Hotel, in dem Sie Frühstück, Mittag- und Abendessen sowie weitere Mahlzeiten genießen können. Eine ideale Übernachtungsmöglichkeit für Kunstinteressierte direkt im Zentrum!

Ebenfalls im Herzen der Stadt unmittelbar neben der Gedenkstätte Berliner Mauer befindet sich das **CLUB Lodges Berlin Mitte**, das sich auf einem riesigen Strandareal befindet und aus 30 Bungalows besteht. Zentrale Sanitäranlagen befinden sich in unmittelbarer Nähe zu Ihren Häuschen, die Sie ganz für sich allein haben. Schlicht und praktisch eingerichtet bieten die Cubes, die eine Mischung aus Camping und Hotelleben darstellen, alles, was Sie für eine angenehme Nacht benötigen. Wer sich sportlich betätigen möchte, kann eins der über 50 Beachvolleyballfelder oder den eigenen Hochseilgarten nutzen. Die Anlage legt viel Wert auf Nachhaltigkeit und umweltfreundliche Ausstattung, bietet freies WLAN in den Bungalows, ein ausreichendes Frühstück sowie eine Strandbar und -lounge von April bis Oktober und das einzigartige Gefühl, direkt am Strand und doch mitten in Berlin zu sein. Pro Nacht zahlen Sie für einen Bungalow, in dem zwei Personen unterkommen, um die 60€. Die nächste U-Bahn-Station liegt in nur wenigen Gehminuten Entfernung, die Anlage selbst verfügt außerdem über einen Parkplatz. Wer sich also zwischen einem Städte- und einem Strandurlaub einfach nicht entscheiden kann, der hat im CLUB Lodges Berlin Mitte die Möglichkeit, beides zu genießen.

Etwas weiter weg vom Stadtzentrum gelegen – was in Berlin aber dank der öffentlichen Verkehrsmittel kein Problem ist – befindet sich das letzte Hotel, das ich Ihnen an dieser Stelle empfehlen möchte. Das **Leonardo Boutique Hotel Berlin South** befindet sich in Neukölln, hat einen gebürenpflichtigen hauseigenen Parkplatz, einen Wintergarten zum Entspannen und eine rund um die Uhr geöffnete Bar. Für ein Doppelzimmer bezahlen Sie pro Nacht ab 50€ plus 15€ für ein reichhaltiges Frühstücksbuffet pro Person, das online sehr gelobt wird. Darüber hinaus gibt es ein Familienappartment und die Möglichkeit, Ihr Haustier für 15€ pro Tag mitzunehmen. Kostenfreies WLAN, ein Kopierservice, ein Wäsche- und Bügelservice und weitere Annehmlichkeiten stehen Ihnen außerdem bei Bedarf zur Verfügung. Weiterhin gehört zum Hotel eine geräumige Terrasse, auf der Sie bei schönem Wetter ein Buch lesen oder einen Kaffee trinken können. In der Nähe befinden sich des Weiteren mehrere U-Bahn-Haltestellen, die Sie schnell und einfach in die Innenstadt bringen. Auf Sauberkeit und erstklassigen Service wird viel Wert gelegt. Das Hotel ist die ideale familienfreundliche Möglichkeit, für eine Übernachtung bei dennoch tadellosem Service und guter Anbindung ins Zentrum nicht allzu tief in den Geldbeutel zu greifen und bildet damit eine hervorragende Alternative zu den teureren Hotels in der City.

## Wo isst es sich am besten?

Viele Hotels verfügen zwar über reichhaltige Frühstücksbuffets, doch häufig muss man zum Mittag- oder Abendessen nach Restaurants und Imbissständen außerhalb der Übernachtungsmöglichkeit suchen, um den Hunger zu stillen. Wo es sich in Berlin richtig gut essen lässt, möchte ich Ihnen daher nicht vorenthalten.

Fast schon ein Geheimtipp, da es im nicht ganz zentralen wunderschönen Biesdorf in Marzahn liegt, ist das italienische Restaurant **Marco Polo Tre**. Ich bin in dieser Gegend aufgewachsen und seit der Eröffnung vor wenigen Jahren wird bei jeder Gelegenheit, etwa zu Geburtstagen, dem Hochzeitstag meiner Eltern oder Zeugnisausgaben meiner Geschwister, ein Tisch im Ristorante an der Oberfeldstraße reserviert. Zugegeben, die Kellner sind nicht alle Italiener, wie Sie uns bei dem einen oder anderen Gläschen Wein verraten haben, doch sobald man den Laden, der auch über einen beheizten Außenbereich verfügt betritt, fühlt man sich wie in Italien. Auf herzlichste Art und Weise werden Sie in Empfang genommen, genießen Ihren Gruß aus der Küche und warten dann eine angemessene, keineswegs zu lange Zeit auf Ihr Essen. Von den Klassikern Pizza und Pasta bis hin zu Lachs und Steak auf dem Lavasteingrill ist für jeden etwas dabei, der gutes Essen und ein Ambiente zum Wohlfühlen schätzt. Auch was das Weinangebot und die Cocktails betrifft, werden Sie vom Personal hervorragend beraten. Die Preise bewegen sich im mittleren Bereich, aber planen Sie ruhig etwas mehr als ein wenig Trinkgeld ein, denn sowohl die Küche als auch der Service haben es definitiv verdient. Wer nach Parkplätzen sucht, wird in den Nebenstraßen mit größter Wahrscheinlichkeit fündig, doch auch eine Anfahrt mit Bus und Bahn kostet Sie vom Alexanderplatz aus keine halbe Stunde. Vorabreservierungen sind wärmstens zu empfehlen, da es v.a. abends recht voll werden kann. Ich garantiere Ihnen einen einmaligen Aufenthalt mit köstlichen Speisen, so dass Sie den Weg in keinster Weise bereuen werden.

Unweit vom Mauerpark entfernt im Bezirk Mitte (weswegen die verkehrstechnische Anbindung selbstverständlich tadellos ist) versteckt sich ein weiterer kulinarischer Insidertipp, der Sie montags bis freitags mit Mittag- und täglich mit Abendessen versorgt. In einer Mischung aus moderner, künstlerischer Einrichtung und urigen Momenten wirkt das Restaurant **herzlichTreu** wie eine Oase aus einer anderen Welt. Verköstigt werden Sie mit einer Auswahl weniger, aber dafür umso liebevoller zubereiteter, immer wieder wechselnder Speisen. Von den Maronen-Kürbis-Ravioli über Lachs mit Gnocchi und Kohlrabi bis hin zum Bananen-Karamell-Brownie sind Sie dazu eingeladen, sich durch die übersichtliche Karte zu schlemmen. Daneben versorgt eine Cocktail- und Weinbar Sie mit außergewöhnlichen Getränken. Das Restaurant ist wie sein Speisen- und Getränkeangebot eher klein aber fein, weswegen Sie empfehlenswerterweise vorab online reservieren. Dieses Lokal ist anders und definitiv keine Massenabfertigung mit Standardgerichten. Lassen Sie sich vom Charme des herzlichTreu verzaubern, genießen Sie ein hervorragendes Essen, einen guten Wein und verbringen Sie mit Freunden und Familie die sogenannte Quality time in diesem schönen Fleckchen Berlins.

Lust auf richtig gutes und dabei preiswertes vietnamesisches und thailändisches Essen? Dann auf zum **Van Long**, das sich nur wenige Meter vom legendären Friedrichstadtpalast entfernt befindet. Ausgezeichnet durch eine überaus freundliche Bedienung und traditionelle Speisen bietet das Restaurant, das sich ebenfalls in Berlin Mitte befindet, einen wunderbaren Aufenthalt, den man garantiert mehr als satt beendet. Montags bis samstags können Sie sowohl Ihr Mittagessen als auch das Abendbrot in entspannter, freundlicher und passender Athmosphäre zelebrieren. Unter den Getränken befinden sich neben den klassischen Softdrinks auch Spezialitäten wie thailändisches Bier, Jasmintee und Mango-Lassi, die ich Ihnen wärmstens ans Herz lege. Parkmöglichkeiten sind rar, weswegen Sie vorzugsweise mit der S-Bahn oder dergleichen anreisen, was auch den Vorteil hat, dass sie danach bei Bedarf noch weiter durch die Bars und Clubs in der Nähe ziehen können, ohne dabei auf das eine oder andere alkoholische Getränk verzichten zu müssen. Das Van Long besticht mit seiner hervorragenden Lage, sehr guter asiatischer Küche und einem stimmungsvollen Ambiente, weswegen es sich zu jeder Tageszeit äußerster Beliebtheit erfreut. Reservieren Sie daher vor allem abends am besten einen Tisch, um auf Nummer Sicher zu gehen.

Das alles ist Ihnen zu international und Sie möchten auch mal deftig lokale Küche im traditionellen Gasthaus genießen? Schlagen Sie zwei Fliegen mit einer Klappe und besuchen das **Altberliner Wirtshaus** im Nikolaiviertel, das ich Ihnen bereits vorgestellt habe. Im rustikalen Lokal ohne viel Schnickschnack oder ausgefallene Speisen, sondern mit Gerichten, die man noch von Mama und Oma kennt, fühlt man sich, als wäre man in der Zeit zurückversetzt worden. Täglich ab 11:30 Uhr bis mindestens 23 Uhr hat die Gaststube ob nur auf ein Bier am Tresen oder gleich ein ganzes Eisbein am Tisch für Sie geöffnet. Auch Vegetarier kommen kulinarisch auf Ihre Kosten, keine Sorge.

Da sich das Nikolaiviertel nur wenige Gehminuten vom Alexanderplatz entfernt befindet, befördern S- und U-Bahn sowie mehrere Buslinien Sie fast bis vor die Haustür. Je nach Tageszeit und Events in der Nähe kann es auch mal voller werden.

Reservieren Sie also lieber vorab online für bis zu zehn Personen, um einen im Altberliner Wirtshaus unvergesslichen Abend mit guter Hausmannskost zu verbringen. Kleiner Hinweis: falls es im Nikolaiviertel bereits zu voll sein sollte, gibt es ein weiteres Wirtshaus dieser Art am Brandenburger Tor in der Wilhelmstraße.

## Warum Sie die "Öffis" unbedingt nutzen sollten

Sie haben es sicher an der einen oder anderen Stelle gemerkt, doch ich möchte nochmal auf die Nützlichkeit der öffentlichen Verkehrsmittel, der "Öffis", innerhalb Berlins hinweisen. Insbesondere dann, wenn Sie sich im Kern der Stadt aufhalten, ist es, egal wo Sie hinwollen, meistens ein großes Unterfangen, einen (kostenfreien) Parkplatz für Ihr Auto zu finden. Ich selbst bin nur zu Fahrschulzeiten mit etwas anderem als Bus und Bahn in die Berliner City gefahren, sogar meine Eltern nutzen die Öffis, wenn sie zum Alexanderplatz o.ä. müssen.

Und das liegt nicht nur an der ewigen Parkgelegenheitssuche, nein. Wer von Marzahn aus zum

Alexanderplatz muss, fährt mit dem Bus und der S-Bahn keine halbe Stunde. Vertraut man dem Navigationssystem, braucht man mit dem Auto die selbe Zeit, um ans Ziel zu kommen. Entspricht das der staulastigen Realität der Hauptstadt, in der an jeder Ecke eine Baustelle, eine Straßensperrung oder eine Demo die Fahrtzeit und die Nerven der Autofahrer herausfordert? Keineswegs. Ich will nicht abstreiten, dass Sie auch mit dem Auto gut durchkommen *können*, doch vor allem im Feierabendverkehr oder am Morgen ist die Wahrscheinlichkeit dafür ziemlich gering. Selbstverständlich kommt es auch immer wieder vor, dass eine S-Bahn ausfällt oder der Bus Verspätung hat und dennoch kenne ich keinen Berliner, der für ein Ziel in der Innenstadt die Autoschlüssel anstelle der Monatskarte zückt. Und selbst in den Randbezirken oder an den Flughäfen ist das Netz der BVG (Berlin Verkehrsbetriebe) und der DB (Deutschen Bahn) mittlerweile so gut ausgebaut, dass Sie problemlos durch ganz Berlin chauffiert werden. Apropos chauffieren: die Öffis zu nutzen ist darüber hinaus auch sehr viel kostengünstiger, als sich ein Taxi zu rufen.

Eine Langstrecke im AB-Bereich (dieser Bereich ist für die meisten Fahrtziele innerhalb Berlins absolut ausreichend) kostet Sie im Regeltarif 2,80€, ermäßigt nur 1,70€. Tageskarten bekommen Sie ab 7€ (ermäßigt: 4,70€), 7-Tageskarten ab 30€. Genauere Informationen zu den Ticketpreisen und Bereichen finden Sie auf der Homepage der BVG. Schwarzfahren lohnt sich übrigens nicht, denn dafür ist ein Bußgeld von 60€ fällig, wenn man erwischt wird und das muss ja weder im Urlaub noch auf dem Weg zur Arbeit sein. Warum also die Öffis? Kurz und knapp: es spart Zeit (in den meisten Fällen), Geld und einiges an Nerven.

## WAS SIE AUCH MIT EINEM KLEINEN GELDBEUTEL ERLEBEN KÖNNEN

Wer nicht gerade 13€ pro Person für eine Freizeitaktivität wie das Springen im MYJUMP Ost hinblättern will, für den gibt es attraktive kostengünstige bis kostenlose Alternativen in Berlin, die dafür sorgen, dass Sie nach dem Urlaub keine Privatinsolvenz beantragen müssen und trotzdem eine unvergessliche Reise durch die Hauptstadt erlebt haben.

Perfekt für alle, die sich gerne bewegen und dabei Berlin in all seinen Facetten kennenlernen möchten, ist die Möglichkeit, **Fahrräder auszuleihen**. Bei Bike Surf im Bezirk Neukölln können Sie sich gratis einen Drahtesel borgen, wofür Sie sich vorher lediglich auf der Website anmelden müssen. Dort geben Sie an, wann und mit welchem Rad (natürlich nur solche, die zur Verfügung stehen) Sie Berlin unsicher machen möchten und erhalten daraufhin eine Mail, in der Sie darüber informiert werden, wo Sie das umweltfreundliche Gefährt abholen können. Nach Ihrer Fahrradtour, die Sie vollkommen selbstständig planen können, geben Sie das Fahrrad am selben Standort wieder ab. Aber Achtung: im Berliner Verkehr sind Fahrradhelme oft ein Lebensretter, weswegen ich deren Nutzung und natürlich die Einhaltung der Verkehrsregeln mehr als nachdrücklich empfehle!

Fahrradfahren ist Ihnen zu anstrengend und beim Radeln dürfen Sie sowieso nicht Ihre Lieblingssongs übers Handy hören? Dann nichts wie los zur Hochschule für Musik und den dort von überwiegend Studenten angebotenen **Collage Concerts**. Wöchentlich wird für Sie ein musikalisches Programm auf die Beine gestellt, das vielleicht nicht rundum perfekt und so abgestimmt ist wie in der Berliner Philharmonie, aber die Musizierenden sind mit Herzblut, Spaß und Talent bei der Sache, weswegen dabei zu lauschen ein wahrer Genuss ist. Manchmal werden Sie sogar völlig neue Kompositionen hören, was das Hörerlebnis noch einmaliger macht. Interessiert? Dann kommen Sie donnerstags um 13 Uhr im Marstall der Hochschule für Musik in Berlin-Mitte für ungefähr eine Stunde vorbei. Idealerweise werfen Sie vorher noch einen Blick in den Veranstaltungskalender der Website der Hochschule, falls mal ein Konzert ausfällt oder verlegt wird. Bus und U-Bahn bringen Sie sicher ans Ziel.

Nicht nur was für die Ohren, sondern auch für die Augen bieten Ihnen verschiedene **kostenfreie Kinos** in Berlin. Eines davon befindet sich im Köpi Berlin, das unter anderem als Kulturzentrum genutzt wird. Im Keller des charmanten Gebäudes befindet sich besagtes Kino, in dem zwar keine aktuellen Blockbuster vorgeführt werden, dafür aber große Produktionen, die Filmgeschichte geschrieben haben oder deutsche Nischenfilme, die es Wert sind, von mehr Menschen gesehen und geliebt zu werden. Bei der Auswahl der Filme wird auf den filmkünstlerischen Wert geachtet, wodurch Ihr Besuch garantiert zu einem einmaligen und etwas anderem Erlebnis wird. Falls verfügbar, werden alle Filme in Originalsprache gezeigt, wobei das Einstellen von deutschen Untertiteln möglich ist. Klingt gut? Dann schauen Sie montags und donnerstags ab 21 Uhr im Köpi ebenfalls im Bezirk Mitte vorbei, wohin Sie durch verschiedene Buslinien befördert werden.

Einen echten Geheimtipp und dabei vollkommen kostenfrei stellt das **Tempelhofer Feld** dar. Das Feld des ehemaligen Flughafens Berlin Tempelhof bietet eine unglaublich weite Grünanlage, auf deren Rasenflächen Sie es sich für ein Picknick oder mit einem guten Buch bequem machen können. Die langen, breiten Landebahnen laden außerdem zum Rollerskaten, Skateboarden und sogar zum Kiteboarden ein. Eigenes Equipment ist dafür unbedingt mitzubringen. Da es fast keine Parkplätze gibt, empfehle ich wieder eine Anreise mit Bus, S- oder U-Bahn.

Sollten Sie im Sommer nach Berlin kommen, ist einer der **Badeseen** vermutlich genau das Richtige, falls Sie nicht durch die manchmal brühend heiße Innenstadt schlendern möchten. Zur Auswahl stehen bspw. der Müggelsee in Berlin-Müggelheim (da, wo Sie im Winter auch schlittschuhlaufen können), wobei Sie dafür am besten mit dem Auto anreisen, oder der Schlachtensee in Berlin-Zehlendorf, der zwar keinen eigenen Sandstrand hat, dafür aber mit seiner unschlagbaren Anbindung an die S-Bahn besticht. Schnappen Sie sich Ihre Kinder oder Ihren Partner, packen Sie die Badehose ein und springen Sie ins kühle Nass! In der überheizten Großstadt wirkt das wahre Wunder und kostet Sie dabei keinen Cent.

# Berlin kurz und knapp

**W**eil Berlin alles ist, außer einseitig, langweilig und an einem Tag ausgesehen. Die Stadt hat unendlich viel zu bieten, für jeden ist etwas dabei. Und dabei müssen Sie keine Angst haben, vom typischen Berliner untergebuttert oder eingeschüchtert zu werden, denn jetzt, da Sie dieses Buch gelesen haben, wissen Sie, dass hinter der Kodderschnauze der Hauptstädter sehr viel Herz steckt und wie Sie damit umgehen müs-

sen. Sie wissen nun auch, welche Sehenswürdigkeiten *wirklich* sehenswert sind, wie z.B. der
Reichstag oder die Oberbaumbrücke, wobei ich
natürlich keinen Anspruch auf Vollständigkeit
erheben kann und Sie wissen, wo Sie bspw.
übernachten können, wenn Sie gerne mal in
der Kabine eines echten Bootes auf der Spree
schlafen wollen oder in einem ehemaligen Fabrikgebäude.

Berlin kann anders sein, Berlin kann aber
auch ganz normal sein, falls Sie das möchten
und es so etwas überhaupt gibt. Unzählige Hotels und Hostels verschiedener Preisklassen
laden mit ihrem ganz individuellen Charme
und bestimmten Vorteilen zum Verweilen ein.
Machen Sie sich bewusst, was sie in Berlin suchen und Sie werden es finden! Das gilt nicht
nur für Attraktionen, Veranstaltungen und Un-
terkünfte der ehemals geteilten Stadt, sondern
auch für Restaurants, Snacks und Imbissstände.
Schlendern Sie auch mal abseits der üblichen
Pfade, denn gerade in den geheimen Spots der

Hauptstadt verbergen sich die größten Schätze, die mit einer einzigartigen Stimmung, besonderen Menschen und Angeboten überzeugen.

Das soll natürlich nicht heißen, dass Sie Hotspots wie die East Side Gallery oder die Museumsinsel meiden sollen, keineswegs! Für Kunst- und Geschichtsinteressierte und, seien wir mal ehrlich, auch für alle anderen sind diese Orte ein Muss während des Berlintrips. Die Mischung macht's, vertrauen Sie mir! Wählen Sie sorgfältig Ihren Reisezeitraum, falls Sie viel lieber das verschneite oder das heiße Berlin kennenlernen möchten, falls Sie das Schlittschuhlaufen dem Badetag vorziehen. Egal, wann Sie kommen: Berlin begrüßt Sie mit offenen Armen. Denn das kann ich Ihnen garantieren: es ist vollkommen irrelevant, in welchem Bezirk Sie sich befinden, welchen Berlinern Sie begegnen und welche Orte Sie besuchen – die Stadt steckt voller Historie, Herz und einzigartiger Personen, die Ihre Reise unvergessen machen werden. Ach ja, bevor ich es vergesse und da ich es noch nicht oft genug gesagt habe: Nutzen Sie die Öffis! Es lohnt sich.

# Packliste

## Geld & Finanzen

O (evtl.) Auslandswährung
O Bargeld
O Bauchtasche
O Brustbeutel
O Bauchtasche
O EC-Karte
O Kreditkarte
O Notfall-Telefonnummern der Banken
O Portmonee

## Hygiene

O Haarbürste / Kamm
O Deo (klein)
O Shampoo
O Kulturtasche
O Sonnencreme
O Taschentücher

O Reise-Zahnbürste und Zahnpasta
O Verhütungsmittel

## Kleidung

O Badeklamotten
O Gürtel
O Hosen kurz / lang
O Mütze / Cap / Hut
O Pullover
O Regenjacke
O Schlafanzug
O Socken
O Sonnenbrille
O Sportklamotten / Jogginghose
O T-Shirts
O Unterwäsche

## Medikamente

O Blasenpflaster
O Anti-Durchfalltabletten
O Erste-Hilfe-Set

O Fiebertabletten

O Fiebertabletten

O Mückenschutz

O sonstige Medikamente

O Pflaster

O Kopfschmerztabletten

## Unterlagen & Papiere

O ADAC Unterlagen

O Adresslisten für Postkarten

O Krankversicherungsnachweis

O Stadtplan

O Führerschein

O Unterlagen für die Unterkunft

O Wasserdichte Hülle für Reiseunterlagen

O Impfausweis

O Mietwagenunterlagen

O Personalausweis

O Reisepass

O Reisetagebuch

O evtl. Studentenausweis

O evtl. Visum

O Zug- / Bahn- / Flugticket


## Taschen & Rucksäcke

O Koffer / Trolley / Reisetasche

O Regenhülle für Rucksack

O Rucksack


## Schuhe

O Badeschlappen / Hausschuhe

O Schuhe und Wechselschuhe


## Sonstiges

O Brille / Kontaktlinsen und Etui

O Buch zum Lesen

O Ohrenstöpsel und Schlafmaske

O Regenschirm

O Reisedecke

O Wasserflasche

O Wörterbuch

## Elektronik

O Digitalkamera
O Handy
O Ladekabel
O Kopfhörer
O evtl. Steckdosenadapter
O Power-Bank

Herstellung und Verlag:
BoD – Books on Demand, Norderstedt
ISBN: 97837528882251

© Erika Himstedt 2020
1. Auflage
Kontakt: Psiana eCom UG/ Berumer Str. 44/ 26844 Jemgum
Covergestaltung: Fenna Larsson
Coverfoto: depositphotos.com